D1722603

Don Bosco
...und die Spatzen pfeifen lassen

Don Bosco

...und die Spatzen pfeifen lassen

Textauswahl und Übertragung
von Norbert Johannes Hofmann SDB

Verlag Butzon & Bercker Kevelaer
Don Bosco Verlag München

Mitglieder der »verlagsgruppe engagement«

Umschlagbild:
Don Bosco (Originalfoto, ca. 1861 – 62);
Archiv Don Bosco Verlag, München.

CIP-Titelaufnahme der Deutschen Bibliothek
Bosco, Giovanni:
... und die Spatzen pfeifen lassen / Don Bosco. Textausw.
u. Übertr. von Norbert Johannes Hofmann. – Kevelaer:
Butzon u. Bercker; München: Don-Bosco-Verl., 1988
   ISBN 3-7666-9561-4 (Butzon & Bercker) Gb.
   ISBN 3-7698-0599-2 (Don-Bosco-Verl.) Gb.

ISBN 3-7666-9561-4 Verlag Butzon & Bercker
ISBN 3-7698-0599-2 Don Bosco Verlag

© 1988 Verlag Butzon & Bercker D-4178 Kevelaer 1
und Don Bosco Verlag D-8000 München 80.
Alle Rechte vorbehalten.
Umschlaggestaltung: Meussen / Künert, Essen.

Inhalt

Vorwort

„Ich befand mich in einem weiträumigen Hof, in dem mich eine große Schar von Jungen umdrängte. Sie lärmten, lachten, rauften, nicht wenige fluchten. Als ich das Fluchen hörte, stürzte ich mich auf sie, um sie zum Schweigen zu bringen.

Da erschien ganz plötzlich ein vornehm gekleideter Herr, dessen Gesicht hell leuchtete. Zu mir sagte er: ‚Nicht mit Schlägen, sondern mit Güte und Liebe wirst du sie zu deinen Freunden machen!' Völlig verwirrt fragte ich, wer er sei. Die Jungen aber hörten mit ihren Spielen auf, um sich um diesen Mann zu versammeln. Dieser antwortete mir: ‚Ich bin der Sohn jener Frau, die du mit deiner Mutter täglich dreimal grüßt. Sie gebe ich dir als Lehrmeisterin.'

Da erblickte ich neben ihm eine Frau von majestätischem Aussehen, deren Mantel wie die Sonne glänzte. Sie winkte mich zu sich und nahm mich bei der Hand: ‚Schau!', sagte sie zu mir, und ich bemerkte, daß all die Jungen verschwanden, dafür aber viele Hunde, Katzen, Bären und andere Tiere erschienen.

‚Siehst du, das ist dein Arbeitsgebiet! Werde demütig, tüchtig und stark, und was du jetzt an diesen Tieren geschehen siehst, das sollst du für meine Kinder tun.' Mit einem Schlag verwandelten sich all die wilden Tiere in sanfte Lämmer. Ich begann zu weinen und schluchzte: ,Was soll denn all das bedeuten?' Da legte die Frau ihre Hand auf meinen Kopf und beschwichtigte mich: ,Zur rechten Zeit wirst du alles verstehen!' "

In diesem Traum, den Johannes Bosco zum ersten Mal im Alter von neun Jahren hatte, steckte sein Lebensprogramm. Er setzte sich im Vertrauen auf die von Gott eingegebene Aufgabe vorbehaltlos für seine Jugendlichen ein. So traumhaft nahm das Werk Don Boscos seine Ursprünge. Diese Vision entlud aber ihre dynamische Kraft in der Mission – zu den Jugendlichen war Don Bosco gesandt, um sich für ihr zeitliches und ewiges Glück einzusetzen.

Geboren am 16. August 1815 in einem kleinen Dorf in der Nähe Turins, war er in dieser ländlichen Umgebung unter sehr armen Verhältnissen groß geworden. In einer stark religiös geprägten Familie aufgewachsen, entstand in ihm der Wunsch, Priester zu werden. Für ihn schien es nicht leicht, dieses Vorhaben zu verwirklichen, weil das mit finanziellen Schwierigkeiten verbunden war. Letztlich aber ging er zielstrebig seinen Weg, erfuhr immer wieder unverhofft Hilfe von anderen, und so wurde er im Jahre 1841 zum Priester geweiht.

Ein halbes Jahr danach begann Don Bosco, sich in Turin mit ganzer Kraft für die einzusetzen, um die sich keiner so recht kümmern wollte.

Ihm ging es um die verlassenen, armen Jungen aus den niedrigen Schichten, die haufenweise in diese große Stadt gekommen waren, um Arbeit zu finden und sich ihren Lebensunterhalt zu verdienen. Ihrer nahm er sich an, besorgte ihnen Plätze zum Spielen, unterrichtete sie, sorgte für eine angemessene religiöse Unterweisung und teilte so sein Leben mit ihnen.

Da sich immer mehr Jugendliche um Don Bosco scharten, weitete sich sein Werk allmählich aus, und er brauchte tatkräftige Mitarbeiter. Daher gründete er zusammen mit seinen Helfern im Jahre 1859 die „Gesellschaft des heiligen Franz von Sales", die später als Ordensgemeinschaft der katholischen Kirche vom Papst anerkannt wurde. Heute bezeichnen sich diese Ordensleute als „Salesianer Don Boscos" (SDB). Zusammen mit der heiligen Maria Mazzarello rief er schließlich im Jahre 1872 auch die Ordensgemeinschaft der „Töchter Mariens, der Hilfe der Christen" (heute meist „Don Bosco-Schwestern" genannt) ins Leben, die sich in gleicher Weise um die Mädchen kümmerte. Mit der Zeit überschritt das Werk Don Boscos schließlich die Grenzen Italiens, so daß er im Jahre 1875 die ersten Missionare nach Südamerika entsandte. Als dritte große Gruppe der „Salesianischen Familie" gründete er 1876 die „Salesianischen Mitarbeiter", die als Laien in der Welt zu Förderern seines Werkes wurden.

Am Ende seines Lebens blickte Don Bosco auf sein Lebenswerk zurück und sah in ihm die Erfüllung seines entscheidenden Traumes, der ihm den Weg gewiesen hatte. Und jetzt erst war die Zeit gekommen, alles zu verstehen, was ihm in dieser übernatürlichen Erscheinung anvertraut worden war. Aufgezehrt von seinem ungeheuren Engagement zum Wohl der Jugend starb er am 31. Januar 1888 in Turin.

Er wurde am 1. April 1934 von der katholischen Kirche heiliggesprochen. Sein Werk weitete sich aufgrund des Einsatzes „seiner Salesianer" aus, denn sein Geist war und ist lebendiger denn je, auch wenn bereits 100 Jahre seit seinem Tode vergangen sind.

Eine nüchterne Lebensbeschreibung Don Boscos vermag nicht, sein zentrales Anliegen zur Sprache zu bringen. Ihm ging es ganz und gar um seine Jungen, um ihr zeitliches und überzeitliches Glück. Er wollte sie zu Christus hinführen und sie so zu wahren Christen machen. Daher lebte er unter ihnen, mit ihnen, restlos für sie, und bildete gemeinsam mit ihnen eine Lebens- und Erfahrungsgemeinschaft, indem er in allem an ihrem Leben teilnahm. Dabei war das Wesentliche seiner Erziehungsmethode eine direkt spürbare Liebe zu den Jungen – darin liegt das Geheimnis und die Größe seiner Pädagogik.

Don Bosco ging nicht von einer speziellen Erziehungsmethode aus, vielmehr war er durch und durch von einer unnachahmlichen Liebenswürdigkeit geprägt, von einer Liebe zur Jugend, die im gegenseitigen Umgang durch den Familiengeist zum Ausdruck kam. So ist es nicht verwunderlich, wenn er fast etwas ratlos auf die Frage nach seinen Erziehungsgrundsätzen antwortet: „Ich bin immer so vorgegangen, wie Gott es mir eingab und die Verhältnisse es erforderten." Er war ein tatkräftiger Mann der Praxis, der, von einem ungeheueren Gottvertrauen getragen, zupackte, um die Not der Jugendlichen zu wenden. Mit seiner Lebendigkeit und optimistischen Ausstrahlungskraft konnte man ihn gar nicht in ein vorgegebenes pädagogisches System hineinzwängen.

Vor diesem Hintergrund muß man die Aussprüche Don Boscos sehen, die im besonderen geschichtlichen Zusammenhang und in Abhängigkeit von seiner Lebensgeschichte zu verstehen sind. Don Bosco war kein großartiger Gelehrter, der in seinem Denken tiefe geistliche Weisheiten zu ergründen suchte. Er lebte aus einer tragfähigen Gottesbeziehung heraus für die Praxis, die von der Sorge für seine Jungen bestimmt war – alles, was er in Schriften und Reden hinterließ, ist von dieser Praxis her auszulegen. Daher haben seine Aussprüche oft Aufforderungscharakter, der in einer Ermutigung, einer Anregung oder einer Ermahnung zum Ausdruck kommt. Diese so verstandenen – sicher oft auch alltäglichen – Hinweise richten sich zum einen an seine Jungen, zum anderen aber auch an die, die ihn in seiner Arbeit zum Wohl der Jugendlichen unterstützten.

I

„Setzen wir unser Vertrauen auf Gott, und setzen wir unseren Weg fort."

Vertrauen auf Gott und seine Hilfe

Gott ist ein guter Vater, setzen wir unsere Hoffnung auf ihn.

Die Güte Gottes kennt keine Grenzen und schließt niemanden aus, egal wie alt er ist, was er tut und welche Überzeugungen er hat.

Halte dich an Gott wie der Vogel, der doch nicht aufhört zu singen, auch wenn er spürt, daß der Ast nachgibt, weil er weiß, daß er Flügel hat.

Alles Vertrauen setzen wir auf Gott und erwarten alles von ihm. Zu gleicher Zeit aber engagieren wir uns mit unserem ganzen Fleiß.

Wir sind in Gottes Hand. Er ist der beste Vater, der zu unserem Wohl immer über uns wacht und der weiß, was das Beste für uns ist. Er weiß, wie lange er uns erhalten soll.

Der den Vögeln ihr Nest bereitet und den wilden Tieren in Waldeshöhlen einen Unterschlupf bietet, wird auch uns nicht vergessen.

Gott verdient von uns geliebt zu werden, denn er hat uns erschaffen, erlöst, unzählig viel Gutes erwiesen und hält dem ewigen Lohn bereit, der seine Gebote beachtet.

Mit der Hilfe Gottes haben wir viele Dinge vollbracht, und wenn wir ihm treu bleiben, werden wir noch mehr vollbringen.

Hilfe muß von oben kommen. Um sie aber zu erhalten, muß man in die Tiefe steigen. Je tiefer man steht, um so mehr Hilfe kommt von oben.

Wenn ihr wünscht, daß euer Leben froh und ruhig verlaufen soll, dann müßt ihr dafür sorgen, daß ihr in der Gnade Gottes lebt.

Große Gnaden gewährt Gott auf sparsame Weise.

Wir müssen uns den Händen der göttlichen Vorsehung anvertrauen, denn sie verläßt uns nicht. Auf sie habe ich ein unbegrenztes Vertrauen, wir sollen ihr aber auch durch große Bemühungen helfen.

Die Heimat Don Boscos. Blick auf Castelnuovo,
wo er die Schule besuchte.

Meine Lieben, danken wir dem Herrn. Man
sieht in der Tat, daß Gott durch seine Gnade
oftmals Wunder gewirkt hat. Glücklich sind
die, die der Gnade Gottes entsprechen; aber
unglücklich sind jene, die die Tür ihres Herzens
verschließen, wenn sie die Gnade Gottes
anklopfen hören.

Wer Gott gegenüber nicht großmütig ist, darf nur wenig Hoffnung haben, von ihm außergewöhnliche Gnaden zu erhalten.

Alle Bestrebungen der Menschen gelingen nicht, wenn Gott nicht gnädig ist.

In einem meiner Träume wurde ich heftig getadelt, weil ich meine Hoffnung auf die Menschen und nicht auf die Güte des himmlischen Vaters gesetzt hatte.

Der Wille Gottes ist für uns in allen Dingen immer das Beste. In Freud und Leid soll er geschehen. Gott wird uns niemals verlassen, auch dann nicht, wenn um uns der schrecklichste Sturm tobt.

Die wirkliche Dankbarkeit gegenüber Gott zeigt sich darin, seinen Willen zu erfüllen und seine Gebote zu beachten.

Der Herr wird sich unser bedienen, solange wir seinen Absichten entsprechen und so seine Gunst verdienen.

Wenn es sich darum handelt, einem so guten Vater, wie es Gott ist, zu dienen, dann muß man bereit sein, alles zu opfern.

Die wahre christliche Vollkommenheit besteht darin, daß man um so größer vor Gott ist, je kleiner man vor den Menschen erscheint.

Von Gott denke, wie der Glaube es lehrt, vom Nächsten, wie die Liebe es verlangt, und von dir demütig, wie die Bescheidenheit es fordert. Von Gott sprich mit Verehrung, vom Nächsten so, wie du wünschst, daß man von dir spreche. Von dir selber sprich bescheiden oder schweige.

Wir arbeiten mit Glauben, indem wir selbst ausüben, was wir den anderen sagen.

Seid bestrebt, immer aufgrund des Glaubens und nicht des Zufalls oder menschlicher Rücksicht zu handeln.

In den härtesten Prüfungen ist ein fester Glaube an Gott notwendig.

Wenn ich hundertmal mehr Glauben gehabt hätte, würde ich hundertmal mehr getan haben, als ich vollbracht habe.

Ich glaube, daß der Herr seine Pläne mit einem anderen ausgeführt hätte, wenn er ein gewöhnlicheres und schwächeres Werkzeug gefunden hätte, als ich es bin.

Ich wünsche euch besonders, ihr möchtet immer den wahren Reichtum, den einzigen Reichtum, den Reichtum der Reichtümer, den allein erstrebenswerten Reichtum besitzen, den wir mit allen Kräften anstreben sollen, nämlich die Gottesfurcht.

Seid immer um das besorgt, was der Herr von euch sagen wird, nicht um das, was die Menschen Gutes oder Schlechtes von euch sagen werden.

Bei Handlungen, die sich auf Gott beziehen, braucht man nur zu überlegen, ob sie notwendig sind oder nicht. Sind sie nicht notwendig, dann paßt es auch nicht, sich einzumischen. Sind sie aber notwendig, dann soll man ohne irgendwelche Furcht anpacken. Die materiellen Dinge sind eine Zugabe, die Gott versprochen hat, und er hält sein Versprechen.

Ein jeder soll bereit sein, Kälte und Hitze, Durst und Hunger, Mühen und Verachtung zu ertragen, sooft es darum geht, die Ehre Gottes zu vermehren und zum eigenen ewigen Glück beizutragen.

Geht es darum, Beschlüsse zu fassen, so soll man mit beiden Füßen auf dem Boden stehen bleiben und den Geist nach oben richten.

Tun wir das Wenige, das wir tun können, und Gott wird das, was fehlt, ergänzen. Verweigern wir aber unsere Mitarbeit nicht, während wir ein unbegrenztes Vertrauen auf die Güte Gottes setzen.

Der beste Rat ist der, so gut zu handeln wie nur möglich, und dann keinen Lohn von der Welt dafür zu erwarten, sondern nur von Gott.

Gott hat den Armen geschaffen, damit er sich durch geduldiges Ertragen seiner Situation den Himmel verdiene, und den Reichen, damit er durch Taten der Nächstenliebe zu seinem eigenen ewigen Glück beitrage.

Der Stolze ist verhaßt in den Augen Gottes und verächtlich vor den Menschen.

Wir sind das Salz der Erde und das Licht der Welt. Betragen wir uns so, daß sich das Wort des Herrn bewahrheitet: „. . . daß die Menschen unsere guten Werke sehen und den Vater preisen, der im Himmel ist."

Wer mit Gott keinen Frieden hat, hat auch keinen mit sich selbst und keinen mit den anderen.

Unser Leben ist mit Kreuzen übersät. Unsere Tage sind schwer, und sie waren es eigentlich immer. Die Hilfe des barmherzigen Gottes hat aber auch nie gefehlt, und er wird immer zur rechten Zeit Trost senden.

Arbeite und leide aus Liebe zu Jesus Christus, der soviel für dich gearbeitet und gelitten hat. Ein kleines Stück vom Himmel bringt alles wieder in Ordnung.

Der Weg des Kreuzes ist der Weg, der zu Gott führt.

Der Herr hat soviel für uns gelitten, und wenn wir für ihn leiden, werden wir dafür im Himmel belohnt. Erdulde gern etwas für ihn – er hat soviel für dich auf sich genommen.

Gott will uns in einer besseren Welt haben, als diese es ist.

„Wenn ihr betet, wachsen aus zwei Körnern vier Halme."

In Verbindung bleiben mit Gott

Das Gebet ist für die Seele das, was die Wärme für den Körper ist.

Gott verläßt keinen; wer mit einem reinen Herzen zu ihm geht, erhält durch ein aufrichtiges Gebet alles, was er notwendig hat.

Religion wird dir eine Stütze sein. Wenn du in den Zweifeln des Lebens Hilfe vom Himmel verlangst, wirst du sie sicher erhalten.

Alles für den Herrn! Tun wir, was wir können, zur größeren Ehre Gottes! Nachher ruhen wir im Himmel aus.

Wir legen uns mit vollem Vertrauen ganz in die Hände Gottes, wir beten, und alles wird gut werden.

Nichts soll dich beunruhigen, denn wir sind nicht allein und Gott ist mit uns; nur Geduld und Gebet!

Das Gebet überwindet alles. Begleiten wir alles durch Gebet, und es wird eine mächtige Wirkung zeigen.

In den traurigen Ereignissen, die die Menschheit bedrücken, ist es immer die gütige und fürsorgliche Hand Gottes, die unser Unheil mildert.

Nehmen wir alles, was uns zustößt, aus der Hand Gottes an, und ich versichere euch, daß der Herr uns unsere Genügsamkeit hoch anrechnen wird.

Das Vertrauen auf Maria, die Hilfe der Christen, wirkt überall Außergewöhnliches. Ruft sie in jeder Gefahr an, und ich versichere euch, daß ihr erhört werdet.

Wenn man mit Geld auch viel erreichen kann, so bewirkt das Gebet doch alles und triumphiert über alles.

Don Bosco
(Nach einem Gemälde von Crida, 1933) ▷

Und wenn wir wirklich gar nichts besitzen sollten, dann können wir dennoch das Allerwichtigste tun, nämlich beten. Das ist ein Geschenk, das nicht alle geben.

Die Rache eines echten Christen ist Verzeihung und Gebet für die Person, die ihn beleidigt hat.

Wir müssen Heilige werden, wenn wir wollen, daß die Welt von uns sprechen soll.

Um den Willen Gottes zu erkennen, werden drei Dinge verlangt: Beten, abwarten, sich beraten lassen.

Wir sind nicht zum Essen und Trinken geschaffen, sondern um Gott zu lieben und um einmal in seine Nähe zu kommen.

Im Bemühen, Menschen für Gott zu gewinnen, gilt eine Unze Frömmigkeit soviel wie tausend Kilogramm Wissenschaft.

III

„Gut in diesem Leben und im anderen Leben stehen."

Das Leben als Straße zum ewigen Glück

Wenn wir gut anfangen wollen, so beginnen wir mit dem Himmel.

Der Gedanke an die Ewigkeit ist ein Gedanke, den wir niemals aus dem Auge verlieren dürfen.

In jedem Stand kann einer das ewige Glück erreichen, wenn er nur als guter Christ lebt.

Wir sollen das Leben lieben und achten und dabei bedenken, daß das zeitliche Leben, wenn es gut gelebt wurde, der Vorläufer des ewigen Lebens ist.
Es ist niemals zu früh, über seine Zukunft nachzudenken.

Unser Lohn ist der Himmel, und nur nach diesem müssen wir mit allen unseren Kräften streben. Der Himmel wird alles wieder gutmachen.

Es ist eine Dummheit, sein Glück fern von Gott suchen zu wollen.

Steht mit den Füßen auf der Erde und wohnt mit dem Herzen im Himmel.

Wenn ihr den Armen gebt, legt ihr euer Vermögen gleichsam in die Hände der Engel, die am Tage eures Todes einen Schlüssel für den Himmel daraus machen.

Die Tugenden, die uns in der Zeit und in der Ewigkeit glücklich machen, sind Demut und Liebe.

Tun wir alles, daß es uns gut geht in dieser und in der anderen Welt.

Richten wir es uns so ein, daß der Tod zu jeder beliebigen Stunde kommen kann und uns immer vorbereitet findet.

Das ganze Leben des Menschen muß eine ständige Vorbereitung auf den Tod sein.

Man braucht den Augenblick des Todes nicht zu wissen, um in den Himmel zu kommen, wohl aber muß man sich durch gute Werke vorbereiten.

Wer wenig an den Tod denkt, erschreckt und fürchtet sich oder verzweifelt gar, wenn der Tod sich nähert.

Unser Leben ist zu kurz. Man muß das Wenige, das man tun kann, in Eile besorgen, bevor der Tod uns überrascht.

Betrachten wir jeden Tag als den letzten unseres Lebens.

Im Augenblick des Todes werden wir ernten, was wir im Leben ausgesät haben, denn am Ende des Lebens erntet man die Frucht der guten Werke. Nur diese sind ein wahrer Reichtum, der uns einen Platz oben im Himmel bereitet.

Halten wir uns immer an den Herrn, denn er ist es, der alle unsere Handlungen leitet, und richten wir uns so ein, daß er uns nicht zu tadeln braucht an dem Tage, an dem er kommen wird, um alle Menschen zu richten.

Das Glück findet man nicht in dieser Welt, wenn man nicht Frieden mit Gott hat.

Gewohnheiten aus der Jugendzeit bestehen gewöhnlich das ganze Leben lang; sind sie gut, führen sie uns zur Tugend und geben uns eine innere Sicherheit, für das ewige Glück bestimmt zu sein.

Wollt ihr bei euren Jungen viel erreichen, dann zeigt euch keinem gegenüber beleidigt oder gekränkt. Ertragt ihre Fehler, korrigiert sie, aber vergeßt sie auch. Zeigt ihnen eure Zuneigung und laßt sie erkennen, daß alle eure Bemühungen auf ihr zeitliches und ewiges Glück gerichtet sind.

Meine Lieben in Christo, nahe oder fern denke ich doch immer an euch. Nur diesen einen Wunsch habe ich, nämlich euch immer glücklich zu sehen, in Zeit und Ewigkeit.

Meine Lieben, nützt die Zeit, und die Zeit wird euch nützen in der Ewigkeit.

Die viel leiden, sollen sich daran erinnern, daß wir in diesem Leben die Dornen haben, im anderen aber die Rosen. Die Dornen des Lebens werden nämlich zu Blumen für die Ewigkeit.

Wir müssen die Fehler der anderen zu ertragen verstehen, denn in dieser Welt finden wir die Vollkommenheit nicht – die gibt es nur im Himmel.

Die Religion ist in den Leiden und Nöten des Lebens der einzige wirkliche Trost. Sie allein sichert uns außerdem das Glück nach dem Tod.

Die Nöte dieses Lebens lassen in uns den Wunsch nach dem Himmel wachsen.

Im Himmel gibt es keine Streitigkeiten mehr. Dort werden wir alle der gleichen Meinung sein.

Was wir an eigenem Ruhm auf Erden hinterlassen, wird uns gleichzeitig an Herrlichkeit im Himmel entzogen.

Ich gehe bei allen meinen Unternehmungen so vor: Zunächst prüfe ich, ob ein Werk die größere Ehre Gottes herausstellt und die Menschen dem ewigen Glück näherbringt; ist das so, dann fahre ich fort, und Gott läßt es an seinem Beistand nicht fehlen.

Man gelangt nicht zur Herrlichkeit, wenn nicht durch große Mühen.

Wer im Leben faul gewesen ist, wird in der Todesstunde die verlorene Zeit beweinen. Der Himmel ist nicht für die Faulenzer geschaffen.

IV

„Wir arbeiten auf Erden für den Himmel."

Zupacken und Reich Gottes aufbauen

Überall werdet ihr Brot haben und Arbeit finden, letztendlich aber auch den Himmel. Arbeiten wir deshalb für den Himmel.

Arbeiten wir bis zum Ende unseres Lebens, um soviel Gutes tun zu können, wie es möglich ist.

Arbeiten wir mit dem Herzen, und Gott wird uns als guter Vater belohnen. Die Ewigkeit ist lang genug, um sich auszuruhen.

Ich denke gar nicht daran, daß der Tod meine Pläne vernichten könnte; denn ich mache jede Sache so, als sei sie die letzte meines Lebens. Ich arbeite aber auch so, als müßte ich noch lange leben.

Man muß arbeiten, als brauchte man nicht zu sterben, und leben, als könnte man jeden Tag sterben.

Arbeiten wir unermüdlich in diesem Leben, um uns selbst und anderen das ewige Glück zu ermöglichen. Ausruhen werden wir in der glückseligen Ewigkeit.

In meinem Haus gibt es Brot, das uns die Vorsehung Tag für Tag schickt. Es gibt Arbeit, und jeder kann für drei tätig sein. Dafür gibt es aber den Himmel; denn wer für Gott lebt und schafft, hat ein Anrecht auf ein Plätzchen im Himmel.

Arbeiten wir freudig, tun wir, was in unseren Kräften steht, und leisten wir ganze Arbeit. Im übrigen lassen wir die anderen reden und kümmern uns nicht um das, was sie über uns sagen. Wir aber reden immer gut von allen.

Tut Gutes, vollbringt gute Werke, müht euch ab, arbeitet viel für den Herrn und macht alles in guter Absicht! Tut, was ihr könnt! Gott tut das, was wir nicht tun können.

Wenn wir uns abmühen, um uns selbst herauszustellen, sind alle unsere Gedanken, Einfälle und Erfindungen umsonst. Wehe dem, der wegen irdischer Anerkennung arbeitet! Die Welt schenkt oft keine Anerkennung, sie zahlt meistens mit Undank.

Wohin wir immer gestellt sind und wie wir auch beschäftigt werden: Wenn wir nur andere zu Gott führen und in seine Nähe bringen können, so muß uns das genügen.

Gott schaut nicht auf die Bedeutung einer Aufgabe, sondern auf die Absicht dessen, der sie erfüllt. Jedes Amt ist gleich angesehen, weil gleich verdienstlich in den Augen Gottes.

In allem, was du tust, denke daran, daß dein Ziel die Ehre Gottes ist. Wenn du diese suchst, wirst du Erfolg haben.

Wer gewinnbringend arbeiten will, muß mit Liebe im Herzen Geduld bei der Arbeit üben. Arbeite stets mit Glauben, Hoffnung und Liebe.

Wir leben in einer Zeit, in der man arbeiten muß. Die Welt ist materiell geworden. Deshalb heißt es arbeiten und bekannt machen, daß wir Gutes tun. Die Welt muß das Gute, das wir tun, sehen und spüren.

Gott will unsere Arbeit, und er gibt uns auch die Mittel in die Hand, um sie auszuführen. Wer für ein bestimmtes Ziel arbeitet, hat ein Recht auf die Mittel dazu. Wir sind sicher, daß sie uns immer gegeben werden.

Der Herr vermehrt denen die Zeit, die für ihn arbeiten.

Die Dinge sind für die Menschen da, und nicht die Menschen für die Dinge. Wir sind Menschen, und darum ist es notwendig, die Dinge menschlich anzugehen.

Ein jeder soll sich mit möglichst großem Eifer bemühen, die Aufgaben zu erfüllen, die ihm anvertraut wurden, und nicht Bemerkungen über die Tätigkeit der anderen machen.

Seid um eure Gesundheit besorgt. Man soll soviel arbeiten, wie es die Kräfte erlauben, und nicht mehr – aber jeder soll sich vor dem Nichtstun hüten.

Wir alle müssen unser Kreuz tragen wie Jesus, und unser Kreuz sind die Leiden, denen wir in unserem Alltag begegnen.
Bedenke, daß du leidest und arbeitest für einen so guten Herrn, wie es Gott ist.

V

„Mein Leben ist dem Wohl der armen Jungen geweiht."

Engagierter Einsatz für die Jugend

Glücklich sind die, die sich immer für Gott unter der Jugend einsetzen! Gott hat uns für andere in die Welt gesetzt.

In Angelegenheiten, die für die gefährdete Jugend nützlich sind oder Jugendliche für Gott gewinnen helfen, gehe ich bis zur Verwegenheit.

Ich habe mein ganzes Leben der Jugend gewidmet, in der Überzeugung, daß von ihrer gesunden Erziehung das Glück der Nation abhängt.

Für diese Jungen werde ich jedes Opfer bringen; auch mein Blut würde ich für ihr ewiges Glück hingeben.

Don Bosco und seine Jungen
(Originalaufnahme aus dem Jahr 1861) ▷

Meine Lieben, ich liebe euch von ganzem Herzen, und es genügt mir, zu wissen, daß ihr jung seid, um euch zu lieben.

Hier bei euch fühle ich mich wohl; es macht eigentlich erst mein Leben aus, unter euch zu sein.

Liebe zu den Jungen ist das geeignetste Mittel, ihnen Gutes zu tun. Unsere Sachen müssen wir mit Geduld und Liebe zum gewünschten Ziel führen.

Wenn wir unsere Arbeit ertragreich sehen wollen, dann müssen wir die Pflänzchen mit viel Sorge umgeben, die wir zu pflegen haben. Man muß die Jungen mit Güte behandeln, um ihr Vertrauen zu gewinnen.

In die Tat umgesetzte Liebe bewirkt wirkliche Erziehung und ein gutes Benehmen. Erinnert euch daran, daß Erziehung Herzenssache ist.

Um aber bei den Jungen Erfolg zu haben, bemüht euch sehr, bei ihnen immer gute Umgangsformen anzuwenden. Macht euch beliebt und nicht gefürchtet, zeigt ihnen und überzeugt sie, daß es euch um ihr Glück geht, macht sie mit Geduld und Liebe auf ihre Fehler aufmerksam, vor allem aber enthaltet euch des Schlagens. Handelt überhaupt so, daß sie, sobald sie euch sehen, zu euch kommen.

Aus Liebe zur Jugend empfehle ich euch: Laßt die Jungen nie allein, bleibt immer bei ihnen, zu jeder Zeit und überall.

Die Jungen soll man immer beschäftigt halten. Dann ist auch ihr Geist immer tätig. Wenn wir sie nicht beschäftigen, dann tun sie es selbst, und nicht immer mit guten Gedanken und Dingen. Versetzt die Jungen in die Unmöglichkeit, einen Fehler zu begehen.

Ich möchte die Jungen in der Freizeit munter laufen und springen sehen, denn so bin ich meiner Sache sicher. Denn wenn ich die Jungen mit Spielen voll beschäftigt sehe, bin ich überzeugt, daß der Teufel sich anstrengen muß und auch dann noch nichts erreicht.

Wenn ihr es heute ablehnt, Geld für die Erziehung der Jungen zu geben, werden sie es vielleicht eines Tages aus euren Taschen nehmen.

Ein Teil der menschlichen Gesellschaft, auf den sich die Hoffnung der Gegenwart und der Zukunft stützt und der eine aufmerksame Rücksichtnahme erfordert, ist ohne Zweifel die

Jugend. Wenn die Jugend schlecht ist, wird auch die Gesellschaft schlecht werden.

Wenn wir eine gute Gesellschaft haben wollen, dann müssen wir alle Kräfte zusammenfassen, um die Jugend christlich zu erziehen. Das Wohl der Gesellschaft und der Kirche beruht auf einer guten Erziehung.

Ich habe Gott versprochen, bis zum letzten Atemzug bei meinen armen Jungen bleiben zu wollen.

(Auf dem Sterbebett zu Don Bonetti:)

Sag den Jungen, daß ich sie alle im Himmel erwarte.

VI

„Alle lieben, um alle dem Herrn zuzuführen."

Die Jugend für Gott gewinnen

Alles gebe ich hin, um die Herzen meiner Jungen zu gewinnen und sie dann dem Herrn schenken zu können.

Was mich betrifft, so werde ich keine Mühe scheuen, den Versuch zu machen, einen Menschen für den Herrn zu gewinnen. Diesbezüglich fürchte ich keine Folgen.

Ihr erweist mir das Liebste auf der Welt, wenn ihr mir helft, euch selbst für Gott und damit für euer ewiges Glück zu entscheiden.

Ihr wißt, daß wir Freunde sind, und ich habe nur den einen Wunsch: euer ewiges Glück in der Nähe Gottes.

Es ist immer meine Absicht gewesen, alles mir Mögliche zu tun, um die Herzen der Freunde von den alltäglichen Dingen dieser Welt zu entfernen und zu Gott, dem ewigen Gut, hinzulenken.

Bleibt darin fest, das Gute zu tun und das Böse zu verhüten, seid aber immer mild und klug. Wenn ihr Ausdauer habt und dabei gütig seid, werdet ihr sehen, daß Gott euch auch über weniger einsichtige Herzen Herr werden läßt.

Das ist das Ziel, warum man arbeitet und wozu dieses Werk besteht: Damit die Jungen lernen, für ihr ewiges Glück Sorge zu tragen.

Die, die vom Bemühen getragen sind, Menschen für Gott zu gewinnen, werden von Gott gesegnet und behütet, von den Menschen aber geachtet und geliebt werden.

Jeder soll unter seinen Freunden ein Missionar sein durch gutes Beispiel, gute Ratschläge und durch die Sorge für sein eigenes ewiges Glück.

Don Bosco mit seinen Jungen in Turin
(Zeichnung: Nino Musio)   ▷

Bemühe dich immer, die Zahl der Gegner zu vermindern und die Zahl der Freunde zu vermehren, und dann mache alle zu Freunden Jesu Christi.

Wer dafür arbeitet, Menschen für Gott zu gewinnen, wird selbst in die Nähe Gottes kommen.

Wer Gaben schenkt, damit Menschen für Gott gewonnen werden können, wird mit Gesundheit und einem langen Leben belohnt.

Meine lieben Jungen, lauft, schreit, lärmt, aber begeht keine Sünde, und ein Platz im Himmel ist euch sicher.

Ich empfehle euch, ein Herz und eine Seele zu sein, um Gott zu lieben, ihm zu dienen und seine Ehre durch eben die Liebe zu fördern. Um dieses Ziel zu erreichen, empfehle ich euch, auf den eigenen Willen zu verzichten.

VII

„Mein System stützt sich ganz auf die Vernunft, die Religion und die Liebenswürdigkeit."

Grundsätze in der Erziehung

Religion und Vernunft sind die beiden Pfeiler meines ganzen Erziehungssystems.

Die Religion allein ist dazu fähig, das große Werk einer Erziehung zu beginnen und zu vollenden.

Ohne Religion kann man unter den Jungen nichts Gutes erreichen. Die wahre Religion aber besteht nicht allein in Worten, man muß sie auch in die Tat umsetzen.

Unsere Erziehungsmethode muß die Liebe sein, die die Jungen dazu veranlaßt, das Gute zu tun aufgrund einer ständigen Anwesenheit und Anleitung durch den Erzieher. Keine systematische Bestrafung der Fehler, nachdem sie begangen worden sind! Man hat festgestellt, daß andere Methoden meist den Haß der Jungen auf die Erzieher lenken, solange diese leben.

Fehler rühren meist von mangelhafter Aufsicht her. Durch die Anwesenheit des Erziehers und durch Dabeisein in Liebe versetzt man die Jugendlichen in die Unmöglichkeit, Fehler zu begehen, und man braucht nicht strafen.

Vergeßt nie, daß die Jungen Fehltritte leichter begehen aus Lebhaftigkeit als aus Bosheit. Nicht weil sie schlecht sind, begehen sie Fehler, sondern weil sie nicht beaufsichtigt waren. Wir sollen ihnen nachgehen und doch nicht den Anschein erwecken, als beaufsichtige man sie, an ihren Unterhaltungen und Spielen teilnehmen und ihr Geschrei ertragen.

Erinnert euch daran, daß ihr niemals die Jungen in eine Gelegenheit bringen dürft, einen Fehler zu begehen. Das ist das Erziehungsmodell Don Boscos.

Durch unsere Erziehungsmethode versetzen wir die Jungen in die Lage, daß sie ohne äußeren Zwang uns folgen. Damit will ich sagen, daß man nie Zwangsmaßnahmen anwenden soll, sondern immer nur Überzeugung und Liebe.

Mein Erziehungsmodell besteht darin, den Jungen größte Freiheit zu lassen, das zu tun, was ihnen am meisten gefällt. Es kommt darauf an, die Keime einer guten Veranlagung bei ihnen zu entdecken und diese zu entwickeln suchen. Damit jeder mit Freuden tut, was er kann, richte ich mich nach diesem Prinzip, und meine Jungen arbeiten alle mit, nicht nur mit Eifer, sondern mit Liebe.

Ohne Zuneigung ist der Dienst eines Erziehers unnütz.

Familiengeist erzeugt Liebe, und die Liebe schafft Vertrauen – das ist es, was die Herzen der Jungen öffnet; sie sagen dann alles ohne Furcht und werden offen und aufrichtig allem gegenüber, was der zu ihnen sagt, von dem sie sicher wissen, daß er sie liebt.

Vergeßt niemals die Liebenswürdigkeit im Umgang mit den Jugendlichen; ihr gewinnt die Herzen der Jugend durch Liebe.

Was die Jungen am meisten anzieht, ist eine herzliche Aufnahme.

Unterweisung und eine milde, geduldige und langmütige Güte sind die einzigen Mittel. Die Liebe kommt dem Stock zuvor, regiert eigentlich allein.

Das Beispiel tugendhafter Handlungen ist mehr wert als elegante Reden. Keine Predigt ist so wirksam wie das gute Beispiel.

Die Jungen sehen andere Gutes tun und machen es dann nach. Das Böse aber ahmen sie noch rascher nach. Daraus ergibt sich die dringende Notwendigkeit, ihnen gute Beispiele vor Augen zu führen, um die tausend und Millionen Anstößigkeiten von ihnen fernzuhalten.

Alle Mühe soll man aufwenden, die die christliche Liebe bewirkt, damit die Jugendlichen das Gute tun und das Böse meiden, und zwar durch ein auf die Religion gegründetes Gewissen.

Was einen Jungen tugendhaft und ehrenwert macht, d. h. zu einem wirklich guten Menschen, ist die Erfüllung aller seiner Pflichten, die der Mensch gegen Gott, sich selbst und gegen die anderen hat.

Sport und Musik sind wesentliche Elemente der Erziehung im Sinne Don Boscos. (Wandgemälde von P. Johannes Menth SDB in der Internatskapelle des Marianum Buxheim) ▷

Wählt immer Freunde aus, die ihr gut kennt, und davon die Besten. Ahmt von den Besten das Gute nach, und versucht dann auch noch, ihre Fehler zu vermeiden, denn wir haben ja alle Fehler.

Wenn öffentlich Weisungen gegeben, Vorwürfe gemacht oder Zurechtweisungen erteilt werden, dann beleidigen sie, und letztendlich wird kein Fortschritt erzielt.

Wenn ein Junge Reue über einen begangenen Fehler zeigt, dann verzeiht gerne und verzeiht von Herzen.

In jedem Jungen, auch im schlechtesten, gibt es eine Stelle, die für das Gute zugänglich ist. Die erste Pflicht des Erziehers ist es, diese Stelle zu suchen, diese empfindsame Saite seines Herzens, um Nutzen daraus zu ziehen.

Oft reicht ein gutes Wort, damit einer auf der guten Bahn bleibt oder sich auf sie begibt.

Säen wir nur aus, und machen wir es wie der Bauer, der bis zur Ernte geduldig wartet.

VIII

„Lieben heißt:
das Glück des anderen suchen.“

Einander zugetan in Zuneigung und Liebe

Das erste Glück eines Kindes ist das Bewußtsein, geliebt zu werden.

Wo die Liebe regiert, dort herrscht auch das Glück.

Die Liebe der Guten kennt keine Grenzen.

Liebenswürdigkeit im Reden, Handeln und Ermahnen gewinnt alles und alle.

Man erreicht mehr mit einem Blick voll Liebe, mit einem Wort der Ermunterung, das Vertrauen bewirkt, als mit vielen Vorwürfen.

Es sollen alle in Eintracht miteinander verbunden sein und einander helfen.

Liebt einander, beratet einander, ermahnt einander, beneidet einander nicht und seid nicht zornig; das Wohl des einen soll vielmehr das Wohl des anderen sein. Kreuz und Leid des einen soll als Kreuz und Leid aller betrachtet werden, und jeder sollte überlegen, wie er es wegnehmen oder zumindest doch erleichtern könnte.

Echte Liebe befiehlt, die Fehler der anderen mit Geduld zu ertragen und leicht zu verzeihen, wenn einer uns beleidigt haben sollte. Niemals aber dürfen wir andere beleidigen, erst recht nicht unsere Untergeordneten.

Liebe und Geduld sollen dich beim Befehlen und Zurechtweisen leiten. Dein Motiv soll die Liebe sein, die sich bemüht, allen Gutes und niemandem Böses zuzufügen.

Brüderliche Zurechtweisung ist das Fundament der Liebe. Der Honig der Liebe aber versüßt die Bitterkeit der Zurechtweisung.

Erdulde alles, aber verletze niemals die Liebe.

Es sind die Bande der Liebe, die uns überall mit dem Herrn verbinden, so daß die einen den anderen in Liebe zu Hilfe kommen.

Die Liebe ist einfallsreich im Entdecken immer neuer Möglichkeiten, den anderen zu loben.

Wer seinen Freunden einen guten Rat erteilt, übt ein großes Werk der Nächstenliebe.

Der Herr läßt alles gut ausgehen für den, der ihn liebt.

Lassen wir uns immer und in allem von der Liebe leiten, dann wird letzten Endes alles für uns gut und vorteilhaft ausgehen.

Wer demütig und liebenswert ist, wird immer von allen geliebt, von Gott und den Menschen.

Es wird ein schöner Tag für uns sein, wenn die Liebe ganz und gar unter uns herrscht. Dem Herrn gefällt es, wenn wir untereinander die Liebe üben.

Unsere Zuneigung soll jeden Freund mit der gleichen Liebe behandeln.

Der Stolz läßt uns das Gebot der Liebe und die Pflicht zu verzeihen vergessen, er entfremdet uns von unseren Freunden und macht uns bei allen verhaßt.

Nicht alle können fasten, zur Ehre Gottes lange Reisen auf sich nehmen oder auch reichlich Gaben geben, aber alle können lieben. Es genügt, das zu wollen.

Das wirksamste Werk, um die Sünden nachgelassen zu bekommen und einmal das ewige Glück zu erreichen, ist die Liebe, die den Kindern erwiesen wird.

Sorge dafür, daß du beliebt wirst und nicht gefürchtet. Wenn du etwas anordnest oder beanstandest, dann lasse immer durchblicken, daß du das Beste willst und nicht deinen Launen nachgibst.

Wie aber könnte man meine lieben Jungen so begeistern, daß sie ihre frühere Lebhaftigkeit, Fröhlichkeit und Aufrichtigkeit wieder gewinnen? Durch die Liebe. Die Jungen sollen nicht nur geliebt werden, sondern sie sollen auch selbst erkennen, daß sie geliebt werden.

Ohne Familiengeist zeigt man keine Liebe, und ohne dieses Zeichen gibt es kein Vertrauen. Wer beliebt sein will, beweise, daß er liebt. Wer weiß, daß er geliebt wird, liebt wieder, und wer beliebt ist, erhält alles, vor allem von den Jungen.

Don Bosco und seine Musikkapelle:
„Ein Werk für die Jugend ohne Musik ist wie ein Körper
ohne Seele."
(Originalaufnahme aus dem Jahr 1870)

Jesus machte sich klein mit den Kleinen und
trug unsere Schwachheiten. Er lebte den Familiengeist vor. Wenn der Lehrer nur auf dem
Katheder gesehen wird, ist er Lehrer und sonst
nichts; wenn er aber an der Freizeit der Jungen
teilnimmt, wird er Bruder.

IX

„Fröhlich sein, Gutes tun und die Spatzen pfeifen lassen."

In der Freude leben und Gutes tun

Vergeßt nicht, daß Gutes tun allein glücklich macht. Wer Gutes tut, wird den Segen des Guten bald bewundern können.

Erweist einander Gutes, denn es ist der Beweis dafür, daß ihr euch gegenseitig wie Brüder liebt. Bemühen wir uns darum, so zu leben, daß die Leute allen Grund haben, gut von uns zu reden.

Alles Gute, was andere, durch uns veranlaßt, tun werden, vermehrt den Glanz unserer Herrlichkeit im Himmel.

Bringen wir die guten Dinge im gemeinsamen Einverständnis vor, ganz gleich von wem die Initiative ausgeht. Man weiß ja gut, daß nicht alle die gleiche Begabung haben, nicht die gleiche Ausbildung und nicht die gleichen Mittel. Wenn man unter vielen Guten lebt, wird man dazu veranlaßt, ohne daß man es merkt.

Wenn wir in der Welt Gutes tun wollen, dann müssen wir zusammenstehen und uns am Ansehen anderer erfreuen. Suchen wir daher einander behilflich zu sein, um Gutes tun zu können, aber behindern wir uns dabei niemals.

Man möge Gutes tun, soviel man kann, ohne in Erscheinung treten zu wollen. Das Veilchen steht an verborgener Stelle, und man findet es doch durch seinen Duft.

Verschiebt nicht das Gute auf morgen, wenn ihr es heute tun könnt, denn vielleicht habt ihr morgen keine Zeit mehr.

Einer, der mittelmäßig begabt, aber tugendhaft und demütig ist, wirkt viel mehr Gutes und Großes als ein stolzer Gelehrter.

Wem es gut geht, der bleibe, wo er ist, und wer Gutes tut, suche nichts Besseres. Denn das Bessere ist der Feind des Guten.

Man soll auf keine irdischen Interessen achten, wenn es sich darum handelt, Gutes zu tun.

Wenn du glücklich leben, von Gott beschützt und von den Menschen geachtet und geliebt werden willst, so mußt du dir das durch ein gutes Herz allen gegenüber verdienen – dadurch, daß du deine Feinde liebst, ihnen gegenüber geduldig und großzügig bist. Du mußt weinen mit dem, der weint, darfst nicht andere um ihr Glück beneiden, mußt allen Gutes und darfst keinem Böses tun.

Auch gegenüber den Kritikern benehmen wir uns zuvorkommend und bedienen uns des wertvollen Mottos: Gutes tun und reden lassen. Wenn man Streit anfängt, verliert man, auch wenn man dabei den Sieg davontragen sollte.

Ich unterlasse es nie, ein gutes Werk zu tun, so groß und zahlreich die Schwierigkeiten auch sein mögen, die sich ergeben. Handelt es sich um einen Besuch bei einer Persönlichkeit, die mir nicht gut gesinnt ist, so gehe ich ohne weiteres hin. Bevor ich die Sache aber unternehme, bete ich ein Ave Maria. Das bete ich immer, wenn ich mich irgendeiner Person vorstelle. Dann mag kommen, was will. Ich tue, was ich kann, und überlasse alles andere dem Herrn.

Sorgen wir dafür, daß jeder, der mit uns zu tun hat, zufrieden fortgehen kann, denn wir müssen versuchen, die Zahl der Gegner zu vermindern und die der Freunde zu vermehren, indem wir allen Gutes tun.

Der Lohn für christliche Liebestätigkeit besteht in der Freude, die ein jeder in seinem Herzen empfindet, wenn er ein gutes Werk getan hat.

Für uns hier besteht die Heiligkeit darin, daß wir fröhlich sind. Der Herr liebt es, daß man das, was man für ihn tut, mit Freude tut.

Dem fröhlichen Menschen hilft Gott, und der Teufel hat Angst vor fröhlichen Menschen.

Wenn wir immer vergnügt sind, wird die Zeit schneller vergehen.

Verliert keine Zeit, tut Gutes, tut viel Gutes, und ihr werdet nie bereuen, es getan zu haben. Jeder Augenblick Zeit ist ein Schatz, und jeder Augenblick, den du gut benützt, ist ein Schatz, den du gewinnst.

Ich habe noch niemanden gesehen, der sich im Augenblick des Todes beklagt hätte, zuviel Gutes getan zu haben.

X

„Als gute Brüder müßt ihr einander ertragen."

Ratschläge im Umgang miteinander

Wenn ihr wollt, daß man euch etwas Gutes tut, dann erweist anderen etwas Gutes, denn dem Nächsten Gutes tun heißt soviel, wie vom Herrn jede Art von Segen zu empfangen. Vergiß aber das, was du anderen geholfen hast, und nicht das, was du von anderen an Hilfe empfangen hast.

Etwas, was alle tun können, was sehr nützlich ist und eine wirkliche Arbeit im Weinberg des Herrn bedeutet, das ist das gute Beispiel. Bemühe dich also immer, durch die Tat zu zeigen, was du von andern mit Worten verlangst.

Vor Entschlüssen bezüglich bedeutender Angelegenheiten und in den damit verbundenen Zweifeln soll man überlegen, ob die Dinge auch die größere Ehre Gottes herausstellen.

Don Bosco, zwei Jahre vor seinem Tod.
(Originalaufnahme aus dem Jahre 1886 in Barcelona) ▷

Wenn dir irgend etwas berichtet wurde, bemühe dich, die Angelegenheit zu klären, bevor du urteilst. Oft werden dir Sachen berichtet, die wie Balken zu sein scheinen und doch nur Strohhalme sind. Gehen wir also langsam und mit Überlegung vor, wenn wir Beschlüsse fassen müssen.

Man soll keine Beschlüsse fassen, bevor man sich nicht gut beraten ließ. Wir gehen aber niemals zu Stolzen und Unerfahrenen, um sie um Rat zu fragen.

Achte jeden, aber fürchte niemanden.

Lob oder Tadel gegenüber bin ich unempfindlich; denn wenn sie mich loben, dann sagen sie das, was ich sein müßte, wenn sie mich tadeln, das, was ich bin.

Betrachte nicht den als Freund, der dich übermäßig lobt.

Vom Nächsten nur gut reden oder ganz schweigen.

Ertrage gern die Fehler anderer, wenn du haben willst, daß sie deine ertragen. Suche deine Fehler nicht zu entschuldigen, versuche dich vielmehr zu bessern.

Halten wir uns zurück, und achten wir nicht auf böse Zungen und scharfe Federn. Solange man kann, soll man nämlich Zusammenstöße vermeiden und langsam vorgehen.

Bildet euch nichts ein auf das, was ihr wißt. Je mehr einer weiß, desto mehr erkennt er, daß er nichts weiß.

Wenn wir unsere eigene Ehre suchen, entsteht Unzufriedenheit, Zerrissenheit und Unordnung.

Keiner soll hervorheben, was er weiß oder tut; wenn es darauf ankommt, soll jeder tun, was ihm möglich ist, ohne es zur Schau zu stellen. Denn wer auf der Höhe steht, hat um so mehr Demut notwendig.

Wenn man einen zurechtweisen muß, nehme man Rücksicht und tue es unter vier Augen, und soweit es möglich ist, niemals in Gegenwart anderer, es sei denn, daß es sich darum handelt, ein öffentliches Ärgernis wiedergutzumachen.

Sage nicht immer, was du weißt, sorge aber dafür, daß du gut weißt, was du sagst.

Sprich wenig über andere und noch weniger über dich selbst.

Gewöhnt euch an Selbstbeherrschung, denn auf diese Weise habt ihr viele Freunde und keinen Feind.

Es gibt eine wichtige Sache, die ich euch empfehle, und das ist die Zurückgezogenheit, d.h. von Personen, Orten und Sachen fernbleiben, die Gelegenheit zur Sünde bieten könnten.

Wer wirklich groß werden will, muß von Jugend auf mutig den Weg der Tugend gehen. Ohne Geduld können wir nicht heilig werden.

Schaut, wie es die Biene macht! Sie fliegt weit, auch so manchen Kilometer, um Honig zu sammeln, und dabei versteht sie es, nur den Honig zu sammeln und alles andere im Blütenkelch zu lassen, was ihr und den anderen Bienen eventuell schaden könnte. So müssen es auch wir machen: nur das aufsuchen, was nützen kann.

Das allgemeine Wohl soll immer dem eigenen vorgezogen werden. Wir dürfen nicht unserer Eigenliebe nachgeben und sollen auch keinen Unterschied machen, ganz gleich, ob wir die Personen gerne sehen oder nicht. Lassen wir uns nie von Vorurteil oder Abneigung leiten. Unser eigenes Wohl darf das allgemeine nicht berühren.

Schluß mit dem Neid, das Wohl des einen muß das Wohl aller sein; aber auch das Leid des einen das Leid aller.

Wissen ohne Gewissen bedeutet den Ruin des Menschen. Wenn einer sein Gewissen in Ordnung hat, so bereitet das den größten Trost im Leben.

Statt irgendwelche Bußwerke zu verrichten, vollbringt solche des Gehorsams. Seid stets und überall pünktlich, und erfüllt alle eure Pflichten. Man soll lieber die Zunge Fastenzeit halten lassen, indem man kein unnötiges Geschwätz zuläßt.

Werft niemals verziehenes Unrecht vor, denn verzeihen heißt für immer vergessen.

Halten wir uns an leichte Dinge, und halten wir dann auch durch. Mir ist eine beständig geübte Tugend lieber als eine außergewöhnliche Gnade.

Auch die kleinen Sachen müssen langsam und gut gemacht werden, denn Eile verdirbt alle Handlungen.

Es tut einer viel, der wenig tut, aber das tut, was er tun muß; es tut einer nichts, der viel tut, aber nicht das, was er tun soll.

Seid immer gütig in der Beurteilung der Mitmenschen, und wenn ihr nicht anders könnt, dann beurteilt wenigstens ihre Absichten gut und entschuldigt sie deshalb.

Falls sich einer von euch in Gefahr befinden sollte, soll man ihn darauf aufmerksam machen; ein jeder soll ihm helfen, um ihm irgendeinen Vorteil zu verschaffen. Wir müssen uns immer einander zu Hilfe kommen, wenn es möglich ist.

Wenn ihr reich werden wollt, dann gebt reichlich den Armen. Um Gaben schenken zu können, muß man nicht reich sein.

Sicher gibt es auf dieser Welt kein größeres Gut als die Gesundheit. Übt Mäßigkeit, weil man damit, abgesehen von der Gesundheit des Körpers, auch die der Seele bewahren kann.

XI

„Nichts in der Welt darf uns erschrecken."

Unerschütterlichkeit und Mut im Handeln

Nur Mut und immer wieder Mut! Wir sollen
nie müde werden, Gutes zu tun, denn Gott ist
mit uns. Nur Mut, arbeiten wir! Bei ihm werden
wir ausruhen für immer.

Habe Mut in deinem Glauben und deiner
Überzeugung. Keine Angst: Gott ist bei seiner
Kirche bis zum Ende der Zeiten. Die Bösen
müßten vor den Guten Angst haben, aber
nicht die Guten vor den Bösen.

Der Mut der Schlechten stammt nur aus der
Furcht der Guten; seid mutig, und ihr werdet
sehen, daß sie die Flügel hängen lassen.

Um Gutes tun zu können, muß man schon
Mut haben und bereit sein, jede beliebige Ein-
schränkung hinzunehmen. Dabei soll man
aber selbst keinen kränken und immer liebens-
würdig sein.

A
DON
GIOVANNI BOSCO
LA PATRIA

1898

Wir beginnen zwar mit Schwierigkeiten, seid aber sicher, daß wir mit der Hilfe Gottes alles überwinden werden. Achten wir daher nicht so sehr auf die Schwierigkeiten, vielmehr auf die Hilfe von oben, die uns nie fehlen wird.

Verlieren wir bei Gefahren und Schwierigkeiten den Mut nicht, beten wir mit Vertrauen, und Gott wird die versprochene Hilfe denen gewähren, die für ihn arbeiten.

Gott, der euch jetzt hilft, wird euch auch später helfen, erst recht, wenn ihr alles aus Liebe zu ihm tut.

In großen Gefahren muß man die Kräfte und Opfer verdoppeln. Der Herr schickt aber auch mächtige Hilfe in großen Nöten.

Bevor wir eine Sache unternehmen, versichern wir uns, ob es auch der Wille Gottes ist, daß wir sie tun. Wir beginnen in der Sicherheit, daß Gott es ist, der es will, und mit dieser Sicherheit packen wir an. Mögen sich auf dem Weg auch tausend Hindernisse entgegen-

◁   Das erste Denkmal für Don Bosco, 1898
        von seinen Mitbürgern in Castelnuovo errichtet.

stellen: das tut nichts. Gott will es, und wir lassen uns von keinem Hindernis einschüchtern.

Wenn ich Schwierigkeiten antreffe, seien es auch recht große, dann mache ich es wie einer, der den Weg an einer Stelle durch einen Felsblock versperrt findet. Wenn ich ihn nicht aufheben kann, steige ich drüber hinweg oder umgehe ihn auf einem Umweg. Oder ich lasse von einem unvollendeten, angefangenen Werk ab und gehe an ein anderes, um nicht unnütz Zeit zu verlieren. Ich verliere aber das zuvor abgebrochene nicht aus den Augen. Inzwischen reifen die Mispeln, die Menschen ändern sich, und die Schwierigkeiten verschwinden.

Ich fürchte nicht im geringsten das, was mir die Menschen anhaben könnten, wenn ich die Wahrheit gesagt habe. Ich fürchte nur, was Gott mir anhaben könnte, wenn ich eine Lüge gesagt hätte.

Es ist notwendig, mit unbegrenztem Vertrauen ans Werk zu gehen, um Erfolg zu haben, auch wenn wir ganz ohne Mittel sind.

Tu, was du kannst, und Gott tut das Übrige; er läßt dich nicht in Schwierigkeiten, wenn du für ihn arbeitest.

Anhang:
Stellennachweis

Alle Stellen sind entnommen aus:

G. B. Lemoyne, A. Amadei und E. Ceria, Memorie biografiche di Don Giovanni Bosco, San Benigno und Turin, 1898 – 1948, 20 Bände.

Die römischen Ziffern geben jeweils die Nummer des Bandes an, die arabischen Ziffern die entsprechende Seitenzahl.

Kapitel I

S. 13: VIII, 986
XV, 457
XVIII, 281
XII, 280
VI, 120

S. 14: II, 342
III, 607
XIX, 167
XII, 188
XII, 133
IX, 994
IX, 703 / XI, 55

S. 15: VI, 164

S. 16: XVIII, 30
X, 163
I, 218
V, 802 / XV, 176
VII, 761
XII, 223
II, 535

S. 17: VIII, 568
III, 614
IX, 992
III, 614
VII, 319
XVIII, 587
XVIII, 587

S. 18: XVI, 189
XVIII, 329
X, 1339
X, 666

S. 19: XVII, 217
XIV, 672
VII, 418
XV, 518
IV, 750
V, 654

S. 20: XVII, 113
XIII, 833 / XIII, 858
VIII, 444
XI, 363
X, 233 / VI, 442
X, 104

Kapitel II

S. 21: IX, 997
V, 160
VII, 41
XIX, 187
V, 850

S. 22: X, 1213
XIII, 877 / XIV, 791
IV, 516
IV, 516
XIII, 804 / VII, 360
XV, 492

S. 24: XVII, 69
IV, 312
XVII, 557
VI, 715
III, 586
VIII, 438

Bildnachweis

Archiv Don Bosco Verlag: S. 23, 35, 53, 59.

Foto Batscheider, Memmingen; © Don Bosco Verlag, München: S. 47.

Verlag LDC, Turin: S. 15, 66.

Nino Musio, Turin: S. 41.